BEI GRIN MACHT SICH IHR
WISSEN BEZAHLT

- Wir veröffentlichen Ihre Hausarbeit,
  Bachelor- und Masterarbeit

- Ihr eigenes eBook und Buch -
  weltweit in allen wichtigen Shops

- Verdienen Sie an jedem Verkauf

Jetzt bei www.GRIN.com hochladen
und kostenlos publizieren

Victoria Theis

Noah und Nuh. Die Sintflutgeschichte in Bibel und Koran

GRIN Verlag

Bibliografische Information der Deutschen Nationalbibliothek:

Die Deutsche Bibliothek verzeichnet diese Publikation in der Deutschen National-
bibliografie; detaillierte bibliografische Daten sind im Internet über http://dnb.d-
nb.de/ abrufbar.

Impressum:

Copyright © 2014 GRIN Verlag GmbH
Druck und Bindung: Books on Demand GmbH, Norderstedt Germany
ISBN: 978-3-656-68840-2

Dieses Buch bei GRIN:

http://www.grin.com/de/e-book/275422/noah-und-nuh-die-sintflutgeschichte-in-
bibel-und-koran

GRIN - Your knowledge has value

Der GRIN Verlag publiziert seit 1998 wissenschaftliche Arbeiten von Studenten, Hochschullehrern und anderen Akademikern als eBook und gedrucktes Buch. Die Verlagswebsite www.grin.com ist die ideale Plattform zur Veröffentlichung von Hausarbeiten, Abschlussarbeiten, wissenschaftlichen Aufsätzen, Dissertationen und Fachbüchern.

Besuchen Sie uns im Internet:

http://www.grin.com/

http://www.facebook.com/grincom

http://www.twitter.com/grin_com

Universität Hildesheim

Institut für Katholische Theologie

Seminar: „Kinder als Exegeten...?"

Wintersemester 2013/2014

Noah und Nuh -
Die Sintflutgeschichte in Bibel und Koran

16.01.2014

Victoria Theis

INHALTSVERZEICHNIS

1. Einleitung

26. Dezember 2004: Ein Tsunami trifft auf Thailand und löscht das Leben von tausenden Menschen aus. Die Welle macht alles dem Erdboden gleich, was sich ihr in den Weg stellt. Die Urgeschichte der Sintflut ist keineswegs nur eine überlieferte Erzählung. Die Welt ist voller Geschichten, die von großen Fluten und der Errettung weniger Auserwählter erzählen. Das Gilgamesch-Epos[1] beinhaltet die wohl älteste Erzählung dieses Geschehnisses und lieferte wohl auch das Vorbild für die Geschichte Noahs' und Nuhs' in der Bibel und im Koran. Die gemeinsame Wurzel ist in beiden Texten klar zu erkennen, da sich einige Textstellen bis ins kleinste Detail gleichen. Im Alten Testament der Bibel wird die Geschichte Noahs' chronologisch und an einem Stück geschildert, während sich im Koran verschiedene Abschnitte mit jener Begebenheit befassen. Die Sure 71 trägt im Koran zwar den Titel „Nuh", jedoch findet sich die Hauptinformation der Geschichte an anderen Stellen des Korans. Die Suren sind hier nicht nach dem Inhalt geordnet, sondern der Länge nach. Auch waren die Grundzüge der meisten biblischen Geschichten zu Zeiten der Koranoffenbarung bekannt und den Menschen in Mohammeds' Umgebung nicht fremd.

In dieser Arbeit beschäftige ich mich ausschließlich mit den biblischen und koranischen Texten der Sintflutgeschichte. Jene Geschichten, die sich eigentlich so ähnlich sind und doch so verschieden, möchte ich hier nebeneinander stellen und vergleichen. Welche Unterschiede sind zu erkennen und welche Gemeinsamkeiten lassen sich feststellen? Welche Bedeutungen kommen den schmückenden Beschreibungen zu und was steckt hinter den Auslassungen? Welche Relevanz haben diese Divergenzen für den Ideengehalt der Geschichte und die jeweilige Einreihung in die Konfession?

Um Kindern interreligiöse Erfahrungen zu vermitteln und möglichen Vorurteilen entgegenzuwirken, ist die Geschichte Noahs'/ Nuhs' aus meiner Sicht prädestiniert. Toleranz und Achtung der Kinder gegenüber andersgläubigen Menschen kann nur durch Wissen über einen anderen Glauben entwickelt werden. Anhand eines Unterrichtsentwurfes soll gezeigt werden, wie die Geschichte von Noah und Nuh wertefrei, interreligiös vermittelt werden kann.

---

[1] Vgl. Mielke, Thomas R.P.: Gilgamesch- der König von Uruk. Berlin: Aufbau Taschenbuch Verlag GmbH, 2003.

2. Eine Geschichte - zwei Erzählungen

2.1 Die Ausgangsgeschichte: Noah im Alten Testament

Die Erzählungen um Noah finden sich im ersten Buch Mose[2]. Ihnen voran stehen die Schöpfungsgeschichte und der Beginn des menschlichen Lebens mit Adam, Eva, Kain und Abel, sowie einem Geschlechterregister über neun Generationen[3]. Der Bericht der Schöpfung endete am sechsten Tag mit der Beurteilung des Werkes: „Gott sah alles an, was er gemacht hatte: Es war sehr gut[4]." Ein ganz anderes Bild über den Menschen wird dagegen zu Beginn der Noah- Erzählung geschaffen. Die Bibel berichtet von den über-wiegenden Selbstzweifeln Gottes. Karl - Josef Kuschel geht sogar soweit, „Abscheu" in Gottes Erfahrungen mit dem Menschen zu sehen[5]. Gott empfindet Reue, den Menschen überhaupt erschaffen zu haben und beschließt ihn durch eine große Flut auszulöschen: „Ich sehe, das Ende aller Wesen durch Fleisch ist da; denn durch sie ist die Erde voller Gewalttat. Nun will ich sie zugleich mit der Erde verderben".[6] „Ich will nämlich die Flut über die Erde bringen,..."[7]. Noah ist der Einzige, der nicht vernichtet werden sollte: „Nur Noach fand Gnade in den Augen des Herrn."[8] Er ist derjenige unter den Menschen, der vor Gott „gerecht"(צדיק)[9] ist. Gerhard von Rad definiert den Begriff „צדיק"nach alttes-tamentlischer Anschauung wie folgt: „Steht der Mensch im rechten Verhältnis zu Gott, d.h. glaubt er, vertraut er Gott, so ist er gerecht.[10]"Gott berichtet Noah von der bevorste-henden Flut und weist ihn an, eine Arche zu bauen, um ihn, seine Familie und jeweils einige Tiere vor der Vernichtung zu bewahren. Noah wird angewiesen, von allen reinen Tieren sieben Paare und von den unreinen Tieren je ein Paar mitzunehmen[11]. Die Unter-scheidung zwischen „reinen" und „unreinen" Tieren erklärt von Rad mit einer sakralen

---

[2] Alle im Folgenden genannten Bibelangaben beziehen sich auf die Einheitsübersetzung nach Herder.
[3] Die vier Verse über die Gottessöhne, die die Noah- Geschichte einleiten, sollen hier der Voll-ständigkeit wegen erwähnt werden. Die Rätselhaftigkeit dieser Verse, bieten jeoch Stoff genug um eine eigene Hausarbeit zu füllen, sodass ich nicht weiter darauf eingehen werde.
[4] Gen 1,31.
[5] vgl. Kuschel, Karl- Josef: Juden-Christen-Muslime- Herkunft und Zukunft. Düsseldorf: Patmos-Verlag, 2007. S. 237.
[6] vgl. Gen 6,13.
[7] vgl. Gen 6,17.
[8] vgl. Gen 6,8.
[9] Vgl. Gen 7,1.
[10] Kaiser, Otto; Perlitt, Lothar (Hg): Das Alte Testament Deutsch. Neues Göttinger Bibelwerk. Teilband 2/4: Das erste Buch Mose. Genesis. Übersetzt und erklärt von Gerhard von Rad.11. Auf-lage. Göttingen: Vandenhoeck & Ruprecht, 1981. S.89.
[11] Gen 7,2.

Abwertung bestimmter Tiere, die einem „Abwehrkampf des Jahweglaubens gegen frem-
de, ältere Kulte oder sonstige magische Praktiken, bei denen man sich dieser Tieren be-
diente" zu Grunde liegt[12].

Die Bauanleitung und Größe (etwa 150m lang, 25m breit, 15 m hoch[13]) der Arche wird
Noah durch Gott präzise mitgeteilt[14]. Die Maße eines länglichen, rechteckigen Gebäudes
erinnern an jene des Tempelbaus in 1Könige 6,2. Andreas Schüle bemerkt in diesem Zusammenhang, dass der Plan dieser Arche nicht dazu gedient haben kann, mit einem
Schiff zu segeln, sondern „ihre Bewohner über den Flutwassern zu halten"[15]. Die Arche
ist während der Flut ein Schutzort für das Leben, das von Chaos umgeben ist. Noah erhält von Gott einen genauen Zeitplan: In genau sieben Tagen soll der Regen beginnen,
den er vierzig Tage lang nicht unterbricht.[16] Als die von Gott aufgezählten Passagiere in
der Arche sind, versiegelt er selbst die Tür des Schiffs.[17] Die Sintflut selbst wird in der
Bibel mit den Worten geschildert: „... An diesem Tag brachen alle Quellen der gewaltigen
Urflut auf und die Schleusen des Himmels öffneten sich"[18]. Das Wasser steigt auf exakt
15 Ellen über die Berggipfel und vernichtete alles Leben außerhalb der Arche[19]. Gott
lässt die Passagiere während der Flut jedoch nicht außer Acht. Schüle bemerkt in diesem
Zusammenhang, dass der hebräische Begriff des „Gedenkens" zum einen den Gegenbe-
griff des Wortes „vergessen" bildet und zum anderen die Bedeutung des „sich kümmerns" oder „sich jemandes annehmen" trägt. Schüle führt weiter aus, dass diese Begrif-
fe suggerieren, dass Gott sich, um jemandem gedenken zu können, zurückgezogen haben
muss[20].

Schließlich wird erzählt, dass Gott einen Wind aufkommen ließ, der das Wasser ver-
drängte und die Arche auf dem Berg Ararat aufsetzt[21]. Noah sendet zunächst einen Raben, danach eine Taube aus, um herauszufinden, ob trockenes Land vorhanden wäre.
Die Taube kommt zunächst ohne einen Hinweis auf trockenen Boden zurück. Eine Wo-

---

[12] vgl. Von Rad, Gerhard: Das erste Buch Mose. Genesis, In: Das Alte Testament Deutsch, Teilband
2/4, Hg. Neues Göttinger Bibelwerk. Göttingen: V& R ,1972, S. 88.
[13] ebd. S. 95.
[14] Gen. 6,14.
[15] Schüle, Andreas: Die Urgeschichte (Gen 1-11). Zürich: Theologischer Verlag Zürich, 2009. S.
124.
[16] vgl. Gen 7,4.
[17] Gen 7,16.
[18] Gen 7,11.
[19] Gen 7,20-24.
[20] vgl. Schüle, Andreas: Die Urgeschichte (Gen 1-11). Zürich: Theologischer Verlag Zürich, 2009.
S. 127.
[21] Gen 8,4.

che später kehrt sie mit einem frischen Olivenzweig zurück zur Arche[22].Eine weitere Woche später bleibt sie der Arche ganz fern. Kurze Zeit später verlässt Noah mit seiner Familie die Arche und mit ihnen alle Tiere. Die Taube[23] mit dem Olivenzweig im Schnabel, wurde zu einem weltweiten Symbol des Friedens. Dieser Friede geht jedoch nicht auf menschliche Friedensbemühungen zurück, sondern vor allem darauf, dass Gott sich den Menschen neu zugewandt und der vernichtenden Sintflut ein Ende gemacht hat.

Als Dank für seine Errettung baut Noah einen Altar und opfert von den reinen Tieren[24]. Das Brandopfer veranlasst Gott zu dem Versprechen, in Zukunft keine vergleichbaren Strafen zu schicken, um die Menschheit zu vernichten. Gott erkennt zwar, dass der Mensch „böse von Jugend an"[25] sei, jedoch lässt er die berühmte Verheißung verlauten: „Solange die Erde besteht, sollen nicht aufhören Aussaat und Ernte, Kälte und Hitze, Sommer und Winter, Tag und Nacht"[26]. Noah und seine Familie erhalten den Auftrag die Erde mit neuem Leben zu füllen.

Gott erneuert den Bund mit Noah und allen Menschen feierlich und setzt als Zeichen des neuen Bundes den Regenbogen an den Himmel[27].

2.2 Die Erweiterung: Nuh im Koran

Die Geschichte Noahs' im Koran wird, wie in der Einleitung erwähnt, nicht in einem Stück erzählt. Deshalb wird hier versucht, die Geschehnisse in chronologischer Reihenfolge darzustellen.

Das muslimische Glaubensbuch erwähnt Nuh nicht erst mit Beginn der Regenfälle. Er tritt bereits vorher als Prophet Gottes auf[28]. Er warnt seine Mitmenschen vor den Konsequenzen, die deren Ungläubigkeit mit sich bringen würde. Unter den „Niedrigsten"[29]

---

[22] Gen 8,8-11.

[23] Die Taube ist ein reines Tier, dem es vorbehalten ist, als Erstes den wieder bewohnbaren Boden zu berühren (Schüle, Andreas: Die Urgeschichte (Gen 1-11). Zürich: Theologischer Verlag Zürich, 2009, S. 144).

[24] s. Anlage, Anhang 1.

[25] Gen 8, 21.

[26] Gen 8,22.

[27] Gen 9,8-13.

[28] vgl. Sure 11, 26-36. Alle im Folgenden genannten Koranzitate beziehen sich auf die Übersetzung von Hazrat Mirza Tahir: Der Koran. Vollständige Ausgabe. 18. Auflage. München: Wilhelm Heyne Verlag, 1992.

[29] Sure 11,28.

unter ihnen findet er Gläubige, doch von den „Häuptern seines Volkes"[30] muss er Hohn und Spott ertragen. Nuh erklärt seinen Zeitgenossen, dass er weder ein Engel ist, noch verborgenes Wissen besitzt[31]. Seine Widersacher könne allein Gottes Wille zurück zum Glauben führen[32]. Gott beginnt eine Konversation mit Nuh, in der er ihm mitteilt, dass niemand von den Ungläubigen noch zum Glauben finden könnte und er nun eine Arche bauen solle[33]. Da Gott ihm aufträgt, die Arche vor den Augen aller zu bauen, muss Nuh erneut den Spott aller Mitmenschen über sich ergehen lassen[34]. Die Ladung, die im Koran beschrieben wird, besteht aus Nuh und seiner Familie, sowie je einem paar Tiere und den Gläubigen, die jedoch nur in geringer Anzahl vorhanden sind. Nuhs ungläubiger Sohn befindet sich nicht unter den Passagieren der Arche und ertrinkt. Er will sich auf einem hohen Berg vor der Flut retten[35]. Nuh fleht Gott an, seinen Sohn nicht ertrinken zu lassen. Gott jedoch weist Nuh in seine Schranken und gibt ihm zu bedenken, dass ein Ungläubiger vor Gott nicht als ein Familienmitglied Nuhs' gelten kann[36]. Nach einiger Zeit, die jedoch nicht näher bestimmt ist, lässt Gott das Wasser zurückweichen, sodass das Schiff auf dem Berg Al- Dschudi strandet[37]. Die Passagiere verlassen die Arche mit dem Zukunftssegen Gottes. Dieser Segen allerdings wird von Gott eingeschränkt mit dem Hinweis, dass sich einige Überlebende nur an den irdischen Genüssen werden erfreuen können, denn im Jenseits erwarte sie eine weitere Strafe[38].

3. Eine Geschichte- zwei Aussagen: Interpretation der Unterschiede

3.1. Die Eigenheiten der Bibel

3.1.1 Die Vernichtung der Schöpfung

Die anfänglich gute Schöpfung Gottes ist bereits nach einigen Menschengenerationen voller „Gewalttaten", denen niemand Einhalt gebieten kann. Selbst der von Gott geschaffene Mensch, der „über die Fische des Meeres, über die Vögel des Himmels, über das

---

[30] Sure 11,28.
[31] vgl. Sure 11,32.
[32] vgl. Sure 11, 34.
[33] vgl. Sure 11,37.
[34] vgl. Sure 11,38-39.
[35] vgl. Sure 11,44.
[36] vgl. Sure 11,46-47.
[37] vgl. Sure 11, 45.
[38] vgl. Sure 11, 49-50.

Vieh, über die ganze Erde und über alle Kriechtiere auf dem Land"[39] herrschen sollte, kann die Erde vor einem Ende nicht bewahren. Um eine Ordnung wiederherzustellen, gibt Gott dem Menschen eine Grundregel, die dem Schutz des Lebens auf der Erde dienen soll[40]. Diese Grundregel bezieht sich auf die in Genesis geschilderte Ordnung, der „Herrschaft über die Tiere ohne Blutvergießen"[41].

Im Prolog erhält der Leser Einsicht über das Ausmaß der Sünden des Menschen durch die Worte Gottes selbst. Aber mehr noch, der „Entschluß des göttlichen Herzens"[42] wird mitgeteilt. Das „Herz" ist nicht nur ein Symbol der Liebe und des Gefühls. Nach alttestamentlischer Vorstellung wohnt im „Herz" der Wille und Verstand[43].

Gott kündigt die Sintflut mit den Worten an: „Ich sehe das Ende aller Wesen aus Fleisch ist da"[44]. Nun kann man sich fragen, was mit dem „Ende" genau gemeint ist. Eine Anspielung auf eine bevorstehende Gerichtsbotschaft wie in Amos 8,2 oder Ezechiel 7,2-6 könnte damit verbunden sein. Die Vorstellung des Auslöschens und damit dem Ende der Welt durch Gott findet sich in letztgenannten Ezechielversen wieder. Das „Ende"(קֵץ) Israels ist gekommen, da Gott kurz davor ist, das Strafgericht über sie zu bringen.

In Gen. 6,13 scheinen zwei Sichtweisen in die Interpretation des Wortes „קֵץ" hineinzufließen. Zum einen die Welt, die „voller Gewalttat" ist und zum anderen die Welt, die durch die Flut vernichtet wird. Es ist eine sehr niederschmetternde Aussage, durch die der Autor mit nur einem Wort die Macht und Freiheit Gottes verdeutlicht, die Welt zu vernichten[45]. Andreas Schüle beschreibt zudem die Wortwahl, die das Bild der Vernichtung zu erklären scheint. Der hebräische Ursprung des Wortes „vernichten" ist vom selben Wortstamm wie jener der „Verdorbenheit"[46]. Schüle übersetzt demnach den Satz folgendermaßen: „Gott verdirbt, was bereits verdorben ist"[47].

Gott vernichtet die Schöpfung also, weil „alles Sinnen und Trachten seines Herzens immer nur böse war"[48]. Nach der Sintflut jedoch gewährt er seiner Schöpfung andauernden Bestand, obgleich die Menschen auch in Zukunft böse sind und bleiben. Schüle schreibt

---

[39] Gen 1,26.
[40] vgl. Gen 9,4-6.
[41] vgl. Kuschel, Karl- Josef: Juden-Christen-Muslime- Herkunft und Zukunft. S.240.
[42] vgl. Von Rad, Gerhard: Das erste Buch Mose S. 86.
[43] vgl. Von Rad, Gerhard: Das erste Buch Mose S. 87.
[44] Gen 6, 13.
[45] vgl. Von Rad, Gerhard: Das erste Buch Mose S. 95.
[46] vgl. Schüle, Andreas: Die Urgeschichte. (Genesis 1-11). S. 123.
[47] ebd.
[48] Gen 6,5.

dazu, dass dieser Sinneswandel als Charakterzug Gottes interpretiert wird, der ihm die Attribute der Lernfähigkeit, Veränderungsfähigkeit und Wandlungsfähigkeit zuschreibt. Schüle selbst folgt jedoch der Auffassung, dass vielmehr zwei Gesichter Gottes einander gegenübergestellt werden. Die Auslöschung allen Lebens wird dem „Richtergott" zugesprochen, wohingegen der Gott nach der Flut Gnade walten lässt, obwohl er weiß, dass der Mensch böse ist.[49] Dieser Ansicht können weitere, ähnliche Aussagen in den Büchern Mose zusätzliche Aussagekraft verleihen[50]. Das nachsintflutartige Gottesbild, das einen gnädigen, dem Menschen wohlwollenden Eindruck vermittelt, scheint eine Erklärung zu vermitteln, weshalb wir in einer Welt leben, die voller Gewalt ist und trotzdem Bestand hat.

Die in Genesis 6,6 beschriebene „Reue" Gottes ergibt in der koranischen Erzählung keinen Sinn. Die Intention der Nuh- Geschichte ist eine völlig andere. Aufgrund der zeitlichen Distanz zwischen Mohammed und dem Flutereignis und einer sich gewandelten Gesellschaft in sozialer und kultureller Hinsicht, weist Mohammed ein eher vergeistigtes Gottesbild auf.

3.1.2 der Bundesschluss

Zur Vergewisserung dieser Zusage schließt Gott mit Noah einen förmlichen „Bund". Kuschel sieht in dem Bund nicht etwa einen Vertrag im heutigen Verständnis zwischen zwei Gleichberechtigten, der jederzeit kündbar ist. Vielmehr stellt es eine „Selbstverpflichtung Gottes dar, die er in Freiheit geschlossen hat und unabhängig ist vom Verhalten, der Annahme oder Ablehnung des Gegenüber[51].

Es ist der erste Bund Gottes mit allen Lebewesen, also auch den Tieren, die durch die Arche weiter existieren durften.

Bundesschlüsse kamen in der jüdischen Tradition häufig vor. In der Bibel existieren einige Bundesschlüsse mit Gott[52], jedoch ist der Noahbund nicht auf einen Menschen oder ein Volk beschränkt, sondern gilt für Noah und alle folgenden Generationen der

---

[49] vgl. Schüle, Andreas: Die Urgeschichte (Gen 1-11). Zürich: Theologischer Verlag Zürich, 2009. S. 120.
[50] vgl. z.B. Die Selbstvorstellung Gottes am Sinai. Dort werden ebenfalls die zwei Gesichter Gottes herausgestellt, jedoch mit stärkerer Betonung auf seiner Bereitschaft zu Vergeben (Exodus 34,6-7).
[51] vgl. Kuschel, Karl- Josef: Juden-Christen-Muslime- Herkunft und Zukunft. S. 241f.
[52] vgl. z.B.: Gen 17,4; Ex 24,8; Lev 26,45.

Menschheit und den Tieren[53]. Die aus diesem Bund resultierenden „sieben noachidi-schen Gebote"[54] sind ein theologisch hoch interessantes Thema, auf welches ich im Rahmen dieser Arbeit jedoch nicht näher eingehen kann. Die in diesen Versen angedeu-tete Schutzzusage für den Menschen geht soweit, dass Mörder mit der Todesstrafe be-droht werden. Sollten Christen daher für die Todesstrafe plädieren?

Als Zeichen des Bundes setzt Gott einen „Bogen"[55]an den Himmel. Das aus dem hebräi-schen stammende Wort, welches mit „Regenbogen" übersetzt wird, erhält im Alten Tes-tament die Bedeutung des „Kriegsbogens". Rad und Kuschel sehen darin die Vorstellung eines Gottes, der seinen Bogen beiseite gestellt hat und diesen Kriegsbogen in einen Re-genbogen verwandelt[56]. Der Regenbogen zeichnet sinngemäß das Himmelsgewölbe nach, welches alle Lebewesen vor einer erneuten Flut schützt. Es ist gewissermaßen ein „Signal" für Gott, Regenfälle und Fluten aufzuhalten, bevor Schaden entsteht.

Erneut wird in Genesis 9,15 vom „gedenken" gesprochen. Während das Erinnern in Ge-nesis 8,1 die Bedeutung des „sich kümmerns" trug, findet sich hier nun eine fast wörtli-che Entsprechung im Sinne des „nicht vergessens". Einmal mehr wird Gott ein men-schenähnlicher Charakterzug zugeschrieben, sodass es nicht verwunderlich scheint, dass der Regenbogen im Koran nicht erwähnt wird.

Die Thematik des Bundes steht im Koran nicht so sehr im Mittelpunkt wie im jüdischen Glaubensbuch. Trotz allem wird das besondere Bündnis zwischen Israeliten und Gott anerkannt, wenn auch meist nur auf den Bundesschluss am Sinai Bezug genommen wird[57]. In der Sintflutgeschichte wird kein direktes Bündnis mit Nuh beschrieben. Als die Erde wieder begehbar ist und der Tod seines Sohnes aufgeklärt wurde, verlässt Nuh die Arche mit dem (eingeschränkten) Segen Gottes[58]. Im Koran wird an einer Stelle von einem Bündnis Gottes mit Nuh unter anderen Propheten berichtet: "Und (gedenke der Zeit) da Wir mit den Propheten den Bund eingingen, und mit dir, und mit Noah und Ab-

---

[53] Gen 9,10.

[54] vgl. Gen 9,4-6; sie werden in der jüdischen Tradition explizit benannt.

[55] vgl. Gen. 9,13.

[56] vgl. Von Rad, Gerhard: Das erste Buch Mose. S. 101; Kuschel, Karl- Josef: Juden-Christen-Muslime- Herkunft und Zukunft. S. 242.

[57] vgl. u.a. Sure 2, 41-101; Sure 3,82; Sure 5,8-15; Sure 81.

[58] Es ward gesprochen: „ Oh Noah, reise mit Unserem Frieden! Und Segnungen über dich und über die Geschlechter, die bei dir sind! Und es werden (andere) Geschlechter sein, denen Wir Versorgung gewähren (auf eine Zeit), dann aber wird eine schmerzliche Strafe sie von Uns tref-fen." Sure 11,49.

raham und Moses und mit Jesus, dem Sohn der Maria. Wir gingen mit ihnen einen feierlichen Bund ein"[59].

3.2 Die neuen Ideen im Koran

Die Version der Sintflutgeschichte dient im Koran lediglich als Mantel für die eigentliche, neue Aussage.

Die inhaltlichen Abweichungen der Sintflut - Erzählung des Korans von denen des Alten Testaments, müssen berücksichtigt werden. Jene Erzählungen wurden mehr als ein Jahrtausend später verfasst und man konnte auf die inzwischen zahlreichen Legenden und Ausschmückungen der jüdischen und christlichen Tradition außerhalb der Bibel zurückgreifen.

3.2.1 Nuh als Prophet und Warner

Im Koran tritt Nuh schon einige Zeit vor der Sintflutgeschichte auf. Bereits die erste mekkanische Periode kennt die große Flut und die Errettung der Gläubigen[60]. Er ist ein Gesandter Gottes, der sein Volk vor einem Strafgericht zu warnen versucht[61]. Diese Rolle erhielt Noah schon durch die zwischenzeitlich entstandene jüdische und christliche Literatur, die Mohammed eventuell als Vorlage nutzte[62]. Seine Rolle als Prophet und Warner seiner Zeitgenossen steht im Koran jedoch viel deutlicher im Vordergrund. Mehr als die Hälfte des Textes der Sintflutgeschichte wird der Warnung Nuhs Mitmenschen gewidmet. Nur ein kleiner Teil beschäftigt sich mit der Flut selbst, die als Strafe für die Ungläubigen dient. Während die Bibel von der Sündhaftigkeit der Menschen im Allgemeinen berichtet, dreht sich im Koran alles um den Widerstand der Menschen gegen den Propheten Nuh.

Kuschel beschreibt ausführlich den Grund für die Ablehnungshaltung der Menschen gegenüber Nuh. Die Sintflutgeschichte wird von Mohammed als Gleichnis verwendet.

---

[59] Sure 33,7.
[60] vgl. Leimgruber, Stephan; Wimmer, Stefan Jakob: Von Adam bis Muhammed. Bibel und Koran im Vergleich. Herausgegeben vom Deutschen Katecheten- Verein e.V., München. Stuttgart: Verlag Katholisches Bibelwerk GmbH, 2005. S.100.
[61] Sure 11,26-27.
[62] vgl. Speyer, Heinrich: Die biblischen Erzählungen im Qoran. Unveränderter photomechanischer Nachdruck der 1. Auflage. Darmstadt,1961. S. 95, S.98.

„Noah als retrospektive Spielfigur für den Kampf des Propheten hier und jetzt"[63]. Das
schon einmal stattgefundene Strafgericht kann sich bei den Ungläubigen jederzeit wie-
derholen. Aus diesem Grund findet sich im Koran auch kein Versprechen Gottes, die
Menschheit vor einer zweiten Flut zu verschonen. Die Identifikation Mohammeds mit
Nuh wird besonders deutlich, als er sich bei Gott über die Halsstarrigkeit seiner Zeitgenossen beschwert, die ihre Gottheiten nicht um des Einen willen verlassen wollen: Und
sie sagten: "Und sie sprechen (zueinander): „Verlasset eure Götter auf keine Weise. Und
verlasset weder Wadd noch Suwa noch Jaguth und Ja'uq und Nasr."[64]. Diese fünf altara-
bischen Gottheiten werden bewusst nicht in ihrer chronologischen Reihenfolge aufge-
zählt, sodass einmal mehr die Gemeinsamkeiten zwischen Nuh und Mohamed deutlich
werden[65].

3.2.2 Die Rettung der Glaubenden

Der Segen, der den Passagieren der Arche zuteil wird, ist im Koran sehr ambivalent. Das
Rettungsmotiv, das in der Bibel Noah und seine Familie sowie einige Tiere umfasst, ist
im Koran stark eingegrenzt. Hier ist das Motiv lediglich auf die Gläubigen bezogen, während alle Ungläubigen dem Untergang geweiht sind. Nach dem Selbstverständnis des
Koran gibt es keine Strafe ohne vorherige Androhung. Die Ermahnung erging nur an das
ungläubige Volk Nuhs, sodass auch nur jene Menschen die Bestrafung ereilte. Selbst eine
Familienzugehörigkeit oder das gesellschaftliche Ansehen spielen keine Rolle. Vernichtet werden all jene, die sich gegen Gott auflehnen oder ihn verleugnen. Dieser Bericht
von der Vernichtung des Volkes Nuhs ist eine Mahnung an alle Völker. Amir Zaidan führt
an, dass Gott die Menschen durch Propheten dazu einlädt, ein Leben nach Gottes Willen
zu führen. Diese Einladung anzunehmen oder abzulehnen, ist des Menschen freier Wille.
Eine Ablehnung Gottes wird durch ihn jedoch nicht geduldet und bestraft[66].
Dass nur ein kleiner Teil der Gläubigen gerettet wird, nennt Kuschel einen „gerichtstheo-
logischen Moralismus"[67]. Denn das, was die Genesis intendiert zu sagen, ist in der Nuh-

---

[63] Kuschel, Karl- Josef: Juden-Christen-Muslime- Herkunft und Zukunft. S. 259.
[64] Sure 71,24.
[65] vgl. Kuschel, Karl- Josef: Juden-Christen-Muslime- Herkunft und Zukunft. S. 259.
[66] vgl. Zaidan, Amir: Noah aus der Sicht des Islam. In: Ulrich Dehn (Hg): Noah- Allianz unter dem
Regenbogen? Juden, Christen und Muslime im Gespräch. Evangelische Zentralstelle für Weltan-
schauungsfragen. Berlin 2002. S. 41-48.
[67] vgl. Kuschel, Karl- Josef: Juden-Christen-Muslime- Herkunft und Zukunft. S. 266.

Geschichte nicht relevant. Es geht nicht etwa um eine zweite Chance für die Menschheit oder einen neuen Bund zwischen ihnen und Gott. Vielmehr scheint der Koran an dem Disput über „Glaube- Unglaube"[68] interessiert zu sein.

3.2.3 Der ungläubige Sohn

Der Koran kennt im Gegensatz zur Bibel, in der drei Söhne Noahs genannt werden, nur einen einzigen Sohn Nuhs. Dieser weigert sich die Arche zu betreten und will sich statt- dessen auf einem Berg vor der Flut in Sicherheit bringen[69]. Die warnenden Worte seines Vaters, dass nur der Glaube an Gott ihn retten könne, bleiben unbeachtet und der Sohn stirbt in den Fluten. Die Intention dieser Erzählsequenz ist klar: Wer nicht auf Gott ver- traut und gehorcht, muss mit dem Verderben rechnen. Das Schicksal des Einzelnen kann auf das Schicksal des gesamten Volkes übertragen werden. Was für ein Gott ist es, der auf Bitten eines Vaters den Sohn trotzdem ertrinken lässt und sein Flehen unbarmherzig abweist? Was für ein Vater ist Nuh, der Gott bittet, ihn in Zukunft vor solchen Ersuchun- gen zu bewahren? Kuschel sieht die Antwort in der Auslegung des Textes als „theozent- rische Symbolgeschichte"[70]. Das entscheidende Kriterium ist nicht die Verwandtschaft oder Familienbande, sondern der ungetrübte Glauben an Gott als Schöpfer und Richter der Menschheit[71].

Die Söhne Noahs im Alten Testament garantieren das zukünftige Bestehen der Mensch- heit (universalgeschichtlich), während der Sohn Nuhs im Koran zeigt, dass der Glaube einem Menschen eine neue Familie gewährt, solange er gläubig lebt. Verwandtschaftli- che Beziehungen sind vor Gott nur dann gültig, wenn sie durch den Willen Gottes ent- standen sind[72].

Weder im Gilgamesch- Epos, noch in der Bibel begegnen uns Erzählungen von einem ungläubigen Sohn. Letztere berichtete jedoch von einer Sünde Hams, einem Sohn Noahs, nach dem Ende der Flutkatastrophe[73]. Diese Geschichte thematisiert zwar nicht die

---

[68] Kuschel, Karl- Josef: Juden-Christen-Muslime- Herkunft und Zukunft. S. 266.
[69] Sure 11,44.
[70] Kuschel, Karl- Josef: Juden-Christen-Muslime- Herkunft und Zukunft. S. 268.
[71] vgl. ebd.
[72] vgl. Kuschel, Karl- Josef: Juden-Christen-Muslime- Herkunft und Zukunft. S. 269.
[73] Noah betrinkt und entblößt sich, wobei er von Ham beobachtet wird. Dieser erzählt seinen Brüdern von den Beobachtungen, wodurch er sündigt.

Problematik Glauben- Unglauben, aber Speyer erscheint es zweifellos, dass der Sohn Nuhs im Koran der Rolle Hams im Alten Testament zugrunde liegt[74].

4. Didaktische Umsetzungsmöglichkeit

4.1 Hintergrund

Aufgrund der immer weiter zunehmenden Globalisierung und der Migration in Deutschland ist es dringend nötig, andere Kulturen, Sichtweisen und Religionen mit in unser europäisches Weltbild aufzunehmen. Durch einen interreligiösen Unterricht sollen Schülerinnen und Schüler schon früh lernen, andere Religionen ernst zu nehmen und ihnen mit Respekt gegenüberzutreten. Nur wenn ein Verständnis für die andere Religion geschaffen wird, kann ein friedliches Miteinander in der Gesellschaft entstehen. Kinder lernen so, sich empathisch in die Situation des anderen zu versetzen. Auch wenn die muslimische Lebensweise für Schülerinnen und Schüler noch so befremdlich sein mag, gibt es Berührungspunkte und Ähnlichkeiten zwischen Christentum und Islam. Und genau an denen gilt es anzusetzen. Die Geschichte Noahs in der Bibel und Nuhs im Koran bietet für Kinder einen besonders geeigneten Einstieg in ein interreligiöses Lernen. Die Erzählungen sind voll mit Bildern und gemeinsamen Parallelen, die es ermöglichen, eine Annäherung stattfinden zu lassen[75]. Aus diesem Grund werde ich in dem Unterrichtsverlauf besonders die Gemeinsamkeiten hervorheben, wenn auch die Differenzen für Schülerinnen und Schüler bedeutsam sind.

---

[74] vgl. Speyer, Heinrich: Die biblischen Erzählungen im Qoran. S. 105.
[75] vgl. Leimgruber, Stephan: Interreligiöses Lernen. München: Kösel- Verlag, 2007. S.95.

4.2 Voraussetzungen

Die erarbeiteten Unterrichtsstunden sind für eine 5./6. Klasse innerhalb eines katholischen Religionsunterrichts vorgesehen. Die optimale Schüleranzahl liegt in dem Bereich von 20- 25 Schülerinnen und Schülern. Vorkenntnisse der SuS über die Noah- Geschichte werden als bekannt vorausgesetzt (religiöse Erziehung im Elternhaus, Kindergarten und Grundschule).

4.3 Unterrichtsplanung

1. Doppelstunde- Noah in der Bibel

Zeit	Phase	Geplantes Lehrerverhalten	Erwartetes Schülerverhalten	Arbeits- und Sozialformen	Medien, Material
8:00	Begrüßung	Gemeinsames Gebet im Stehkreis	SuS beten das Gebet mit	Klassenunterricht	Kindergebetbuch
8:05	Einstieg	- Abspielen einer CD mit Regengeräuschen; Aufklappen der Tafel→Arche, Meer, dunkle Wolken und Regen werden sichtbar	- den Regengeräuschen zuhören - spontane Äußerungen zu dem Bild an der Tafel	Klassenunterricht	CD- Player + CD, Tafel, Kreide in verschiedenen Farben
8:10	Erarbeitung I	- LP gibt Arbeitsauftrag, die Bibelstellen gemeinsam zu lesen[76].	- abwechselndes Lesen der Textstellen in der Bibel	Klassenunterricht	Kinderbibel
8: 20			- spontane Äußerungen und Fragen der SuS zu dem Text	Diskussion, Klassenunterricht	Kinderbibel

[76] s. Anlage, Anhang 2. vgl. die Bibel: Gute Nachricht für dich. Gute Nachricht Bibel. Altes und Neues Testament. Stuttgart: Deutsche Bibelgesellschaft, 2000.

Zeit	Phase	Lehrer	Schüler	Methode	Material
8: 25		- LP gibt Arbeitsauftrag, sich in Gruppen zusammen zu finden und die wichtigsten Punkte herauszuarbeiten (Zerstörung der Schöpfung, weil alle Menschen außer Noah und seiner Familie schlecht sind, warum werden ausgerechnet Noah und seine Familie gerettet? Bau der Arche, Beginn und Ende der Flut, Aussendung der Taube, Versprechen Gottes)	- finden sich in Gruppen zusammen und erarbeiten die zentralen Punkte	Frontalunterricht, Gruppenarbeit, Diskussion	Kinderbibel, Stift, Heft
8: 50	Erarbeitung II	-LP fordert SuS auf, die Ergebnisse im Plenum vorzustellen und mit den Ergebnissen der anderen zu vergleichen	- SuS kommen nach vorne, stellen die Ergebnisse vor und diskutieren über die Relevanz der herausgefunden Punkte	Klassenarbeit, Diskussion, Gruppenarbeit	Kinderbibel, Aufzeichnungen
9: 20	Sicherung	- LP schreibt die für die SuS relevanten Punkte an die Tafel	- SuS schreiben die Ergebnisse von der Tafel ab	Frontalunterricht	Tafel, Heft, Aufzeichnungen der SuS

15

| 9:35 | Schluss | - LP teilt Liedkopie[77] aus und beginnt mit der Gitarre zu spielen

Didaktische Reserve: Die Kinder, die früher mit dem Abschreiben fertig sind, können ein Bild über die Sintfluterzählung malen. | - SuS singen das Lied mit | Klassenarbeit | Kopien, Gitarre |

---

[77] s. Anlage, Anhang 3.

16

2. Doppelstunde- Nuh im Koran

Zeit	Phase	Geplantes Lehrerverhalten	Erwartetes Schülerverhalten	Arbeits- und Sozial-formen	Medien, Material
8:00	Begrüßung	Gemeinsames Gebet im Stehkreis	SuS beten das Gebet mit	Klassenunterricht	Kindergebetbuch
8:05	Einstieg	-LP liest die Sintflutgeschichte vor[78] und lässt Vermutung über die Herkunft des Textes anstellen (Nuh, Allah,...)	-SuS lesen in der Kopie mit - stellen Vermutungen an, um welchen Text es sich handeln könnte	Klassenunterricht Diskussion	Kopien
8:15	Erarbeitung	- LP gibt Arbeitsauftrag, sich in Gruppen zusammen zu finden und die wichtigsten Punkte herauszuarbeiten (Vernichtung der Schöpfung, warum wird Nuh gerettet? Familie? Bau der Arche, Tiere).	-SuS finden sich in Gruppen zusammen und arbeiten die zentralen Aspekte heraus	Gruppenarbeit, Dis-kussion	Kopien, Hefte

---

[78] s. Anlage, Anhang 4. Aufgrund zu anspruchsvollen Textes aus dem Koran, habe ich mich dazu entschieden, eine vereinfachte Form der Sintfluterzählung des Korans zu wählen.

Zeit	Phase	LP	SuS	Sozialform	Medien
8:45		-LP bittet die SuS die Ergebnisse im Plenum vorzustellen	-SuS stellen die Ergebnisse vor	Klassenarbeit, Gruppenarbeit, Diskussion	Aufzeichnungen
8:55	Sicherung I	-LP notiert die wichtigen Aspekte der Geschichte an der Tafel	-SuS notieren die Ergebnisse in das Heft	Frontalunterricht	Heft, Tafel
9:00	Erarbeitung II	-LP lässt die Aufzeichnungen der vergangenen Stunde über Noah heraussholen	-SuS holen ihre Aufzeichnungen heraus	Frontalunterricht	Aufzeichnungen
9: 02		-LP teilt SuS in zwei Gruppen ein - 1. Gruppe sucht die Gemeinsamkeiten heraus - 2. Gruppe stellt die Unterschiede dar. **Didaktische Reserve**: SuS, die mit der Gruppenarbeit fertig sind, sollen sich überlegen, welchen Eindruck dieser Text bei ihnen erzeugt.	-Sus finden sich in Gruppen zusammen -SuS suchen Gemeinsamkeiten -SuS suchen nach Unterschieden	Gruppenarbeit, Diskussion	Heft

				Aufzeichnungen
9:15	Sicherung II	- LP lässt Gruppen die Ergebnisse vortragen - LP notiert Gemeinsamkeiten und Unterschiede an der Tafel in einer Tabelle - LP fragt SuS nach Eindrücken, Meinungen, Gefühlen	- SuS tragen die Ergebnisse im Plenum vor - SuS schreiben Gemeinsamkeiten und Unterschiede ab	Klassenarbeit, Diskussion Frontalunterricht	Tafel
9:30			- SuS diskutieren über ihre Eindrücke und Meinungen zu der Fassung der Bibel und des Koran	Diskussion, Klassenarbeit	
9:40	Schluss	-LP teilt Kopie des Gebets[79] „Nuhs Schiff" aus und beginnt mit den SuS zu lesen	- SuS lesen den Text mit	Klassenarbeit	Kopien

---

[79] s. Anlage, Anhang 5.

5. Fazit - Eine Geschichte- zwei Erzählungen

Auch nach dieser Hausarbeit habe ich das Gefühl, dass noch sehr viel nicht analysiert und beschrieben wurde. Einige theologisch höchst interessante Themen konnten nur angerissen werden, die es jedoch verdienen, ausführlicher behandelt und diskutiert zu werden.

Während die Bibel die Geschichte Noahs als eine Art neuen Schöpfungsbericht oder einen Teil der Menschheitsgeschichte beschreibt, wird die Sintflutgeschichte bei Nuh im Koran als Gleichnis für den Propheten Mohammed genutzt, um eine Horizontverschiebung entstehen zu lassen. Ungeachtet des theologischen Verständnisses über Gott und seine Gründe für eine solche Sintflut aus heutiger Sicht, gilt es zu bedenken, dass der Mensch zur Zeit des babylonischen Exils (Verfasserzeit der Priesterschrift) eine Gottesvorstellung aufwies, die dessen rächende und tötende Macht betonte.

Das Gottverstehen hat sich in unserer Zeit gewandelt. So darf man den Tsunami in Südostasien 2004 nicht als Strafe Gottes sehen, sondern vielmehr als Naturgewalt, die in keiner Verbindung mit dem Tun- Ergehen Zusammenhang steht.

In den beiden Flut- Erzählungen kann man unzählige Unterschiede finden, wenn man danach sucht. Für Schülerinnen und Schüler sollte jedoch der Schwerpunkt auf den Gemeinsamkeiten der beiden Versionen liegen. Um ein Verständnis für eine andere Glaubensrichtung und einen respektvollen Umgang mit der ihr angehörenden Menschen zu entwickeln, ist es von großer Bedeutung, jene Religion nicht als befremdlich zu begreifen, sondern sie in die eigene kulturelle Identität zu integrieren.

Eine weitere, sehr interessante und zugleich wichtige Frage ist, welche Bedeutung der noachidischen Gebote im Bezug auf die Tierwelt zukommt. Wie soll der Mensch mit Tieren umgehen, um die Schöpfung Gottes nicht zu verachten? Hat der Mensch die Oberhand über alle anderen Lebewesen oder sogar die göttliche Absolution, die Tierwelt in geradezu schöpfungsverachtender Form mit den Füßen zu treten? Diese Frage hängt eng mit der Noah- Thematik zusammen. Sie konnte jedoch im Rahmen dieser Hausarbeit leider nicht weiter ausgeführt werden.

Überhaupt ist die Frage nach dem Umgang mit der göttlichen Schöpfung ein Problem, dass uns in unserer modernen Zeit erhebliche Probleme bereitet. Die Sintflutgeschichte ist nicht nur ein historisches Ereignis, dass sich die Menschen über die Generationen hinweg erzählt haben. Es ist vielmehr eine Thematik von zeitloser Relevanz, die sich gerade in unserer Gesellschaft widerzuspiegeln scheint.

Literaturverzeichnis

Bücher

Die Bibel, Einheitsübersetzung, Freiburg, 1980.

Die Bibel: Gute Nachricht für dich. Gute Nachricht Bibel. Altes und Neues Testament. Stuttgart: Deutsche Bibelgesellschaft, 2000.

Kaiser, Otto; Perlitt, Lothar (Hg): Das Alte Testament Deutsch. Neues Göttinger Bibelwerk. Teilband 2/4: Das erste Buch Mose. Genesis. Übersetzt und erklärt von Gerhard von Rad.11. Auflage. Göttingen: Vandenhoeck & Ruprecht, 1981.

Hazrat Mirza Tahir: Der Koran. Vollständige Ausgabe. 18. Auflage. München: Wilhelm Heyne Verlag, 1992.

Kuschel, Karl- Josef: Juden-Christen-Muslime- Herkunft und Zukunft. Düsseldorf: Patmos-Verlag, 2007.

Leimgruber, Stephan: Interreligiöses Lernen. München: Kösel- Verlag, 2007.

Leimgruber, Stephan; Wimmer, Stefan Jakob: Von Adam bis Muhammed. Bibel und Koran im Vergleich. Herausgegeben vom Deutschen Katecheten- Verein e.V., München. Stuttgart: Verlag Katholisches Bibelwerk GmbH, 2005.

Schüle Andreas: Die Urgeschichte (Gen 1-11). Zürich: Theologischer Verlag Zürich, 2009.

Speyer, Heinrich: Die biblischen Erzählungen im Qoran. Unveränderter photomechanischer Nachdruck der 1. Auflage. Darmstadt,1961.

Von Rad, Gerhard: Das erste Buch Mose. Genesis, In: Das Alte Testament Deutsch, Teilband 2/4, Hg. Neues Göttinger Bibelwerk. Göttingen: V& R ,1972.

Internetquellen

http://www.kirchengucker.de/2007/04/11/der-erste-bund-das-opfer-noahs/ Letzter Zugriff am 27.12.2014.

http://kinder.meinislam.de/?cat=16 , letzter Zugriff am 28.12.2014.

Anlage

Anhang 1

Opfergabe Noahs (Joseph Anton Koch 1809: „Landschaft"). Entnommen aus:
http://www.kirchengucker.de/2007/04/11/der-erste-bund-das-opfer-noahs/ Letzter Zugriff am 27.12.2014.

Anhang 2

Die Bibel: Gute Nachricht für dich. Gen 6,5-8,22.

Der HERR sah, dass die Menschen auf der Erde völlig verdorben waren. Alles, was aus ihrem Herzen kam, ihr ganzes Denken und Planen, war durch und durch böse. Das tat ihm weh, und er bereute, dass er sie erschaffen hatte. Er sagte:»Ich will die Menschen wieder von der Erde ausrotten – und nicht nur die Menschen, sondern auch die Tiere auf der Erde, von den größten bis zu den kleinsten, und auch die Vögel in der Luft. Es wäre besser gewesen, wenn ich sie gar nicht erst erschaffen hätte.«

Noach war der Einzige, der vor den Augen des HERRN bestehen konnte.

Gott gibt Noach den Befehl zum Bau der Arche

Dies ist die Geschichte Noachs und seiner Nachkommen: Im Gegensatz zu seinen Zeitgenossen war Noach ein rechtschaffener, durch und durch redlicher Mann; er lebte in enger Verbindung mit Gott. Er hatte drei Söhne: Sem, Ham und Jafet. Alle anderen Menschen konnten vor Gott nicht bestehen; die Erde war voll von Unrecht und Gewalt. Wohin Gott auch sah: überall nichts als Verdorbenheit. Denn die Menschen waren alle vom rechten Weg abgekommen.

Da sagte Gott zu Noach:»Mit den Menschen mache ich ein Ende. Ich will sie vernichten samt der Erde; denn die Erde ist voll von dem Unrecht, das sie tun. Bau dir ein Schiff, eine Arche*. Mach sie aus festem Holz und dichte sie innen und außen mit Pech ab. Im Innern soll sie viele Räume haben. Sie muss 150 Meter lang sein, 25 Meter breit und 15 Meter hoch. Mach oben ein Dach darüber, zieh zwei Zwischendecken ein, sodass es dreistöckig wird, und bring an der Seite eine Tür an. Ich werde eine Flut über die Erde hereinbrechen lassen, in der alles Lebendige umkommen soll. Weder Mensch noch Tier wird mit dem Leben davonkommen. Mit dir aber schließe ich meinen Bund*. Ich verspreche dir: Du sollst gerettet werden.

Geh mit deiner Frau, deinen Söhnen und deinen Schwiegertöchtern in die Arche! Nimm von allen Tieren ein Männchen und ein Weibchen mit, damit sie mit dir gerettet werden. Von jeder Tierart sollst du ein Paar in die Arche bringen, damit sie am Leben bleiben, alle Arten von Landtieren und Vögeln. Nimm jedem Tier sein Futter mit, und auch genug zu essen für dich und deine Familie.«

Noach tat alles genau so, wie Gott es ihm befohlen hatte.
Dann sagte der HERR zu Noach: »Geh mit deiner Familie in die Arche! Du bist der Einzige unter den Menschen, der vor mir als gerecht bestehen kann.

Nimm von allen reinen Tieren je sieben Paare mit, aber von den unreinen Tieren nur jeweils ein Männchen und ein Weibchen. Auch von den verschiedenen Vögeln nimm je sieben Paare mit. Ich möchte, dass jede Art erhalten bleibt und sich wieder auf der Erde fortpflanzen kann. Noch sieben Tage, dann werde ich es vierzig Tage und Nächte lang ununterbrochen regnen lassen. Alles Leben auf der Erde, das ich geschaffen habe, wird dann ausgelöscht.«

Noach machte alles genau so, wie der HERR es befohlen hatte. Er war damals 600 Jahre alt, als die große Flut über die Erde hereinbrach.

Die Sintflut kommt auf die Erde

Noach ging also mit seiner Frau, seinen Söhnen und seinen Schwiegertöchtern in die Arche. Von allen reinen und unreinen Landtieren sowie von allen Vögeln und den am Boden kriechenden Tieren ließ er je ein Paar mit sich in die Arche gehen, ein Männchen und ein Weibchen, wie Gott es befohlen hatte. Sieben Tage später kam die große Flut über die Erde.

Im 600. Lebensjahr Noachs, am 17. Tag des 2. Monats, öffneten sich die Schleusen des Himmels und die Quellen der Tiefe brachen von unten aus der Erde hervor. Vierzig Tage und vierzig Nächte lang regnete es von da an in Strömen auf die Erde.

An jenem Tag ging Noach mit seiner Frau, mit seinen Söhnen Sem, Ham und Jafet und mit den Frauen seiner Söhne in die Arche, dazu je ein Paar von allen Tierarten: den wilden und den zahmen Tieren, den Tieren, die am Boden kriechen, und allen geflügelten Tieren. Von allen Tierarten, allem, was auf der Erde lebt, gingen je zwei zu Noach in die Arche, immer ein Männchen und ein Weibchen, so wie Gott es befohlen hatte.

Und der HERR schloss hinter Noach die Tür zu.

Vierzig Tage lang regnete es ununterbrochen. Das Wasser stieg an und hob die Arche vom Boden ab. Es stieg immer weiter, und die Arche schwamm jetzt frei auf dem Wasser. Es stieg höher und höher, und schließlich waren auf der Erde sogar die Berge bedeckt; das Wasser stand sieben Meter über den höchsten Gipfeln. Da starb alles, was auf der Erde lebte und sich regte: Vögel, zahme und wilde Tiere, all die kleinen Tiere, von denen es auf der Erde wimmelte, und alle Menschen. Alles, was Lebensgeist in sich trug und auf dem Land lebte, fand den Tod. So vernichtete der HERR alles Leben auf der Erde, vom Menschen bis zum kriechenden Getier, vom Vieh bis zu den Vögeln. Nur Noach und alle, die bei ihm in der Arche waren, blieben übrig.

Gott denkt an die Überlebenden in der Arche

Hundertfünfzig Tage lang war das Wasser auf der Erde gestiegen.
Da dachte Gott an Noach und an all die Tiere, die bei ihm in der Arche waren. Er ließ einen Wind über die Erde wehen, sodass das Wasser fiel.

Er ließ die Quellen der Tiefe versiegen und schloss die Schleusen des Himmels, sodass es zu regnen aufhörte.
So fiel das Wasser nach hundertfünfzig Tagen. Am 17. Tag des 7. Monats setzte die Arche auf einem Gipfel des Araratgebirges auf. Das Wasser fiel ständig weiter, bis am 1. Tag des 10. Monats die Berggipfel sichtbar wurden.

Nach vierzig Tagen öffnete Noach die Dachluke, die er gemacht hatte, und ließ einen Raben hinaus. Der flog so lange hin und her, bis die Erde trocken war.

Noach ließ auch eine Taube fliegen, um zu erfahren, ob das Wasser von der Erde abgeflossen war. Sie fand aber keine Stelle, wo sie sich niederlassen konnte; denn die ganze Erde war noch von Wasser bedeckt. Deshalb kehrte sie zur Arche zurück. Noach streckte die Hand aus und holte sie wieder herein.

Er wartete noch einmal sieben Tage, dann ließ er die Taube zum zweiten Mal fliegen. Sie kam gegen Abend zurück und hielt einen frischen Ölbaumzweig im Schnabel. Da wusste

Noach, dass das Wasser abgeflossen war.

Er wartete noch einmal sieben Tage, dann ließ er die Taube zum dritten Mal fliegen. Diesmal kehrte sie nicht mehr zurück.

Noachs Opfer und Gottes Zusage

Am ersten Tag des Jahres, in dem Noach sechshundertundein Jahr alt wurde, hatte sich das Wasser verlaufen. Noach öffnete das Dach und hielt Ausschau. Da sah er, dass auf der Erde kein Wasser mehr stand. Am 27. Tag des 2. Monats war die Erde schließlich ganz trocken.

Da sagte Gott zu Noach: »Verlass die Arche mit deiner Frau, deinen Söhnen und deinen Schwiegertöchtern! Lass auch alle Tiere hinaus, die in der Arche sind, die Vögel, die großen Landtiere und alles, was am Boden kriecht. Es soll wieder von ihnen wimmeln auf der Erde; sie sollen fruchtbar sein und sich vermehren auf der Erde.« Da ging Noach mit seiner Familie aus der Arche, und auch die Tiere kamen heraus, alle die verschiedenen Arten.

Noach baute einen Opferaltar für den HERRN. Dann nahm er welche von allen reinen Tieren und allen reinen Vögeln und opferte sie darauf als Brandopfer für den HERRN.

Der HERR roch den besänftigenden Duft des Opfers und sagte zu sich selbst: »Ich will die Erde nicht noch einmal bestrafen, nur weil die Menschen so schlecht sind! Alles, was aus ihrem Herzen kommt, ihr ganzes Denken und Planen, ist nun einmal böse von Jugend auf. Ich will nicht mehr alles Leben auf der Erde vernichten, wie ich es getan habe.

Von jetzt an gilt,
solange die Erde besteht:
Nie werden aufhören
Saat und Ernte,
Frost und Hitze,
Sommer und Winter,
Tag und Nacht.

Nuh sagte: Mein Sohn, steig schnell ein. Bleib doch nicht bei Allahs Feinden! Sein Sohn aber hörte nicht auf seinen Vater. Hochmütig wie die anderen Feinde Allahs entgegnete er: Ich will lieber auf einen hohen Berg steigen, da kommt das Wasser nicht hin. Nuh hat alles versucht aber da kamen auch schon große Wellen und trennten die beiden. Nuh war sehr traurig. Aber jeder ist für seine eigenen Taten verantwortlich.

Draußen stieg indessen das Wasser immer weiter. Die Götzendiener, die gestern noch gelacht hatten, kletterten entsetzt auf Bäume oder auf die Dächer ihrer Häuser oder flohen auf die höchsten Berge, aber das Wasser erreichte sie auch da, und alle gingen unter. Das Schiff aber trieb sicher auf den Wellen dahin.

Nach vielen Tagen kam endlich von Allah der Befehl: Himmel, hör auf zu regnen! Erde verschlucke das Wasser! Sogleich schien wieder die Sonne. Als die Erde wieder ganz trocken war, sprach Allah zu Nuh: Kommt nun alle heraus aus dem Schiff, mit Frieden von mir und meinem Segen auf dir und deinen Nachkommen und allen, die auf ihren Herrn vertrauen.
(entnommen aus: http://kinder.meinislam.de/?cat=16, letzter Zugriff am 28.12.2014).

Anhang 5

Nuhs Schiff,

Wenn Du sie damals nicht alle hineingelassen hättest in das Schiff,
die bunten und verschiedenartigen Tiere, wie viel ärmer wäre Deine Menschheit.
Niemand weiß besser als Du, wie viel wir bis heute gemeinsam haben mit Deinen Tieren.
Hilf mir, mit allen zurechtzukommen:
Mit den Meckerziegen und albernen Gänsen,
mit alten Drachen und lahmen Enten.
Mit Mistkäfern, Trampeltieren und Windhunden,
mit sturen Böcken und komischen Käuzen,
mit Nachtfaltern und Eintagsfliegen,
mit Leithammeln und folgsamen Schafen,
mit verwöhnten Schoßhündchen und Pechvögeln.
Gib mir Verständnis
für Einsiedlerkrebse und gesellige Pinguine,
für wendige Wiesel und tapsige Bären,

für schlanke Giraffen und fette Masthähnchen,

für giftige Nattern und lustige Spaßvögel,

geduldige Lämmer und wilde Wölfe,

stachelige Igel und anschmiegsame Angorakatzen.

Hilf mir beim Zusammenleben

mit den fleißigen Bienen und faulen Siebenschläfern,

mit hässlichen Raupen und schönen Schmetterlingen,

mit stolzen Pfauen und unscheinbaren Kirchenmäusen,

mit starken Löwen und scheuen Rehen.

Es ist nicht immer ganz einfach, es in Deinem Schiff auszuhalten.

Gib mir die nötige Geduld und eine Prise Humor, sie alle zu ertragen und

Jedem Tierchen sein Pläsierchen zu lassen.

Und vor allem: Lass mich nicht vergessen, dass ich für die anderen manchmal auch

ein ziemlich seltsamer Vogel bin.